BIENVENUE AU MONDE, BÉBÉ!

Welcome to the World Baby

Na'ima bint Robert
Illustrated by Derek Brazell

French translation by Annie Arnold

Les enfants étaient excités. Ils avaient vu la maman de Tariq devenir de plus en plus grosse et grosse. Ils attendaient le grand jour avec impatience.

The children were excited. They had seen Tariq's mum getting bigger and bigger and bigger. They had been waiting for the big day.

« Qu'est-ce qu'il y a dans ce sac, Tariq ? » a demandé la maitresse Mademoiselle Smith.

« Ma mère m'a donné ces dattes à partager avec tout le monde. Nous donnons un morceau mou de datte, à un nouveau-né, la première chose qu'il goûtera. »

"What's in the bag, Tariq?" asked his teacher, Miss Smith.

"My mum gave me these dates to share with everyone. We give a new baby a soft piece of date, the first thing they will ever taste."

Tous les enfants ont eu une datte.
Humm, c'était sucré et doux.

The children all had a date.
Hmmm, it tasted sweet and smooth .

Les enfants avaient appris les cinq sens à l'école et ils connaissaient tous le goût, le touché, la vue, l'ouie et l'odorat.

The children had been learning about the five senses in school and they all knew about tasting, touching, seeing, hearing and smelling.

« Combien d'entre-vous ont eu un nouveau petit frère ou une nouvelle petite sœur récemment ? » a demandé Mademoiselle Smith. Plusieurs mains se sont levées.

"How many of you have had a new baby brother or sister recently?" asked Miss Smith.
Quite a few hands shot up.

« Pouvez-vous demander à vos parents comment vous célébrez les naissances dans votre famille ? Peut-être pouvez-vous tous apporter quelque chose vendredi et nous expliquer, » a dit Mademoiselle Smith.

"Can you ask your parents how you welcome new babies in your family? Maybe you can all bring something in on Friday and tell us about it," said Miss Smith.

« Pouvons-nous apporter n'importe quoi ? » a demandé Ben.
« Oui, Ben. Ce que tu veux, tant que c'est en rapport avec
les cinq sens. »

"Can we bring anything?" asked Ben.
"Yes, Ben. Anything you like, as long as it's to do
with the five senses!"

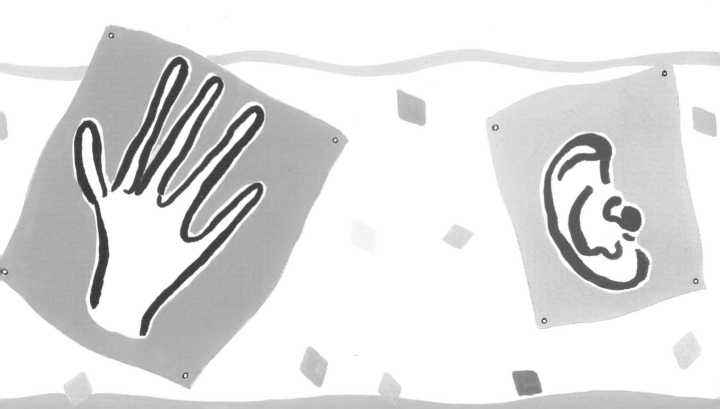

Le vendredi, tous les enfants sont arrivés à l'école avec quelque chose de très spécial.
Mademoiselle Smith les a assis en cercle.
« Maintenant les enfants, » elle a commencé, « beaucoup d'entre nous savent combien c'est merveilleux d'avoir un nouveau bébé dans la famille. Pour chacun c'est un moment de grande joie et de célébration. Voyons comment c'est, d'être un nouveau bébé dans chacune des familles. »

On Friday, all the children came to school with something extra special.
Miss Smith sat them down in a circle.
"Now children," she began, "many of us know how wonderful it is to have a new baby in the family. For everyone it's a time of great joy and celebration. Let's find out what it's like to be a new baby in each other's homes."

« Alors, An-Mei, qu'est-ce qui se passe quand un nouveau-né nait chez toi ? » elle a demandé.

Très doucement An-Mei a sorti un œuf, un petit œuf, paint en rouge.

"So, An-Mei, what happens when a new baby is born in your house?" she asked.

Very carefully An-Mei brought out an egg, a little egg, painted red.

« C'est un de ces œufs que ma mère et mon père donnent comme cadeau à notre famille et amis. Il est paint rouge, la couleur de la chance. L'œuf représente la naissance, la vie et la croissance. Touche-le avec tes mains, » elle a dit, le passant à Brian.

"This is one of the eggs that my mum and dad gave as gifts to our family and friends. It is painted red, the colour of good luck. The egg stands for birth, life and growth. Touch it with your hands," she said, passing it to Brian.

« C'est très doux comme le visage de maman, » a dit Brian, caressant le petit œuf frais. Tous les autres enfants ont souri. « Maintenant, qui est le prochain ? » a demandé Mademoiselle Smith.

"It's so smooth, just like my mum's face," said Brian, stroking the cool little egg.
The other children all smiled.
"Now, who's next?" asked Miss Smith.

Lentement, Saida a ouvert une petite enveloppe blanche et a sorti une mèche de cheveux, une mèche de cheveux bruns et bouclés, attachés par un ruban blanc.

Slowly, Saida opened a small white envelope and took out a lock of hair, a lock of curly dark hair, tied with a white ribbon.

« Ce sont les premiers cheveux de mon petit frère que l'on a gardés après que Amma et Abba lui aient rasé la tête, quand il avait sept jours. »

« Pourquoi ? » a demandé Ben.

« Comme ça ils pouvaient les emmener chez le bijoutier et les peser. Puis ils ont donné le poids des cheveux en argent pour aider les pauvres, » a dit Saida.

"This is some of my baby brother's first hair that was kept after Amma and Abba shaved my brother's head, when he was only seven days old."

"Why?" asked Ben.

"So that they could take it to the jewellers and weigh it. Then they gave its weight in silver to help the poor," said Saida.

Elle la passa à Caroline. « Touche avec tes doigts, » elle a dit.
« Les premiers cheveux de mon petit frère… »
« C'est si léger et doux, » Caroline a dit, caressant la petite boucle.

She passed it to Caroline. "Feel it with your fingers," she said.
"My baby brother's first hair…"
"It's so light and soft," Caroline said, stroking the little curl.

Ensuite c'était le tour de Dimitri. Il a ouvert une petite boîte. Dedans, il y avait des pièces, des pièces d'or et d'argent, brillant dans la boîte sombre.

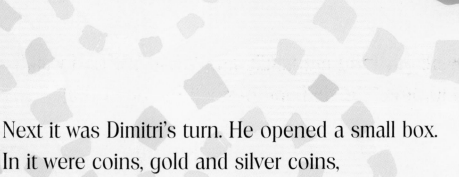

Next it was Dimitri's turn. He opened a small box. In it were coins, gold and silver coins, shining in the dark box.

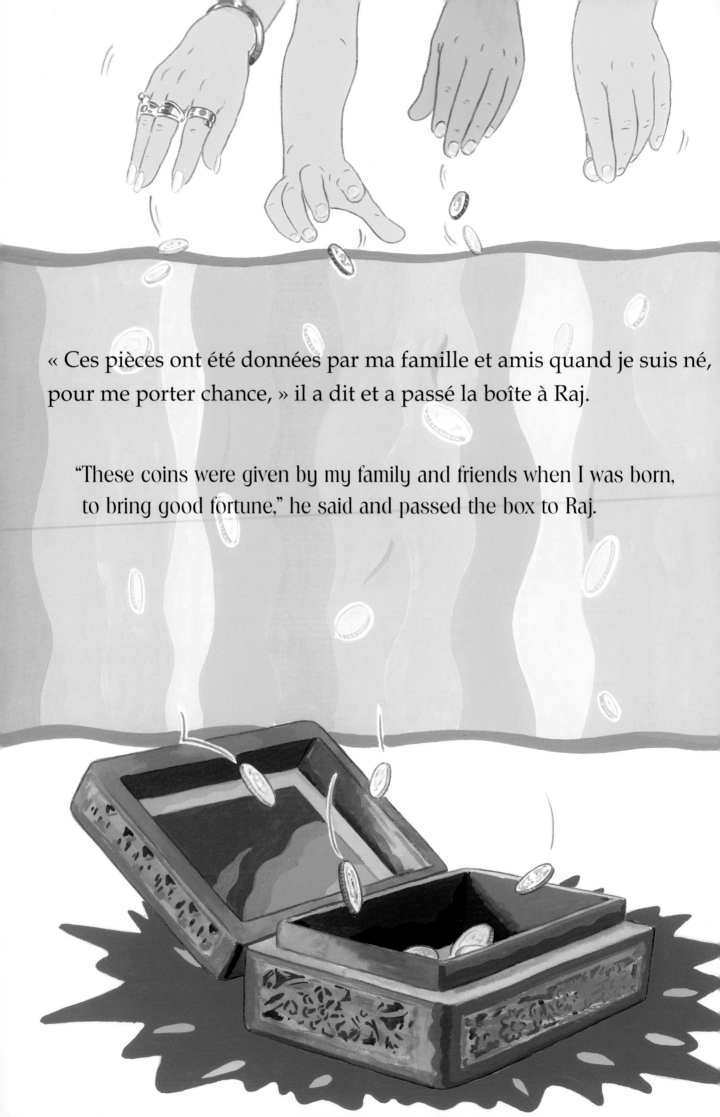

« Ces pièces ont été données par ma famille et amis quand je suis né, pour me porter chance, » il a dit et a passé la boîte à Raj.

"These coins were given by my family and friends when I was born, to bring good fortune," he said and passed the box to Raj.

« Secoue la boîte et écoute le bruit que les pièces font. »
« Ça fait du bruit ! » a crié Raj, mettant son oreille près de la boîte.

"Shake the box and listen to the sound the coins make."
"It jingle-jangles!" cried Raj, putting his ear close to the box .

Nadia a parlé, timidement.
« Mademoiselle, » elle a dit. « J'ai quelque chose. »
 Elle a ramassé un sac et sorti un pull, un grand pull bien chaud
qui avait reçu beaucoup d'amour.

Nadia spoke up, shyly.
"Miss," she said, "I've got something."
She picked up a bag and pulled out
a jumper, a big warm jumper that looked
as though it had seen a lot of love.

« C'est le pull de mon père, » elle a dit. « Quand je suis née,
j'ai été enveloppée dedans, et donnée trois noms spéciaux. »

"This is my dad's jumper," she said. "When I was born, I was
wrapped in it, and given three special names."

Elle l'a passé à Sara.

« Ferme tes yeux et sens le, » elle a murmuré. « Ça sent la force et la sécurité comme mon père. »

She passed it to Sara.

"Close your eyes and smell it," she whispered. "It smells strong and safe like my dad."

Sara a fermé les yeux et a respiré profondément.
« Humm, » elle a soupiré, « quelle bonne odeur
pour un nouveau-né ! »

Sara closed her eyes and breathed in deeply.
"Hmmm," she sighed, "what a lovely smell
for a newborn baby!"

Finalement, c'était le tour de Elima.

De son sac, il a sorti une feuille, une petite feuille d'aloé.

« Quand je suis né, on m'a donné de ça, » il a dit, « goûte. »

Il l'a pressée et du jus est tombé sur les doigts de Mona.

Finally it was Elima's turn.

From his bag, he brought out a leaf, a small aloe leaf.

"When I was born, I was given some of this," he said. "Taste it."

He squeezed it and some juice fell onto Mona's fingers.

Avidement elle l'a goûté. « Berk ! C'est très amer, » elle a crié, s'essuyant la bouche.

Eagerly she tasted it. "Urghh! It's so bitter," she cried, wiping her mouth.

« C'est pour apprendre au bébé que la vie peut-être amère, mais… » il a dit, sortant un petit pot de miel, « elle peut aussi être douce ! »

"That is to teach the baby that life can be bitter, but..." he said, bringing out a little pot of honey, "it can also be sweet!"

Mona s'est rapidement débarassée du goût de l'aloé avec une cuillerée de miel délicieux.

Mona was quick to get rid of the aloe taste with a spoonful of delicious honey.

« Mademoiselle ! » a crié Kwesi, « Nous avons utilisé tous nos sens, n'est-ce pas ? »
« C'est vrai, Kwesi, » a dit Mademoiselle Smith, avec un grand sourire sur le visage.

"Miss!" cried Kwesi, "we've used all of our senses, haven't we?"
"That's right, Kwesi," said Miss Smith, with a huge smile on her face.

« Bravo à tous ! Nous aurons une fête spéciale des cinq sens, à la fin du trimestre. »

« Hourra ! » ils ont applaudi.

« Et, » a dit Mademoiselle Smith, « nous aurons une visite surprise. »

Ils se sont tous demandés qui ce serait.

"Well done, all of you! As a special treat, we'll have a Five Senses party at the end of term."

"Hooray!" they all cheered.

"And," said Miss Smith, "we'll have a surprise visitor."

They all wondered who that could be.

Le dernier jour du trimestre, pendant que les enfants s'amusaient à la fête des cinq sens, on a frappé à la porte.
« Qui cela peut-il être ? » a demandé Mademoiselle Smith avec un grand sourire.

On the last day of term, while the children were enjoying their special Five Senses party, there was a knock at the door.
"Who can that be?" asked Miss Smith with a big smile.

Lentement la porte s'est ouverte. C'était la maman de Tariq avec… le nouveau bébé !
Les enfants ont applaudi. « Bienvenue au monde, bébé, bienvenue au monde ! » Ils ont tous chanté.

Slowly the door opened.
It was Tariq's mum with… the new baby!
The children cheered.
"Welcome to the world, baby, welcome to the world!" they all sang.

La maman de Tariq et son nouveau petit frère sont venus se joindre à la fête. Et tu sais, c'était la plus belle des bienvenues qu'aucun bébé n'ait jamais eu !

Tariq's mum and his new baby brother came and joined the party. And do you know, it was the nicest welcome any baby had ever had!